글 허연

시인. 기자.
1991년 <현대시세계> 신인상으로 등단했다.
쓴 책으로 『당신은 언제 노래가 되지』, 『불온한 검은 피』, 『나쁜 소년이 서 있다』, 『내가 원하는 천사』,
산문집 『가와바타 야스나리:설국에서 만난 극한의 허무』, 『고전 여행자의 책』 등이 있다.
세계문학그림책 시리즈에는 『모비 딕』, 『파우스트』, 『카라마조프가의 형제들』, 『파리의 노트르담』, 『바보 이반』 등이 있다.
한국출판학술상과 현대문학상을 수상했다.

그림 임찬미

시각 예술을 기반으로 다양한 창작 활동을 하고 있는 작가이자 일러스트레이터.
경계를 두지 않고 다양한 범주의 분야에서 꾸준히 작업하고 있다.
개인이 가진 예술적 시각을 바탕으로 현재와 과거의 것들을 수집하고 연구하며 기존의 정의를 재정의하는 작업을 추구한다.
프리랜서 일러스트레이터, 개인 작업을 병행하는 시각 예술 작가 등 다양한 포지션으로 살아가고 있다.
그린 책으로 『철갑 코뿔소』, 『몬테크리스토 백작』, 『부활』 등이 있다. @vanitas_pi

괜찮아, 다 괜찮아

2025년 8월 5일 1판 1쇄 인쇄
2025년 8월 20일 1판 1쇄 발행

글_허연 그림_임찬미

발행인_황민호
캐릭터비즈사업본부장_석인수
편집 진행_그림책 · 별꽃
디자인_SALT&PEPPER
발행처_대원씨아이(주) www.dwci.co.kr 서울시 용산구 한강대로 15길 9-12
전화_02-2071-2151(편집) 02-2071-2066(영업)
팩스_02-794-7771
등록번호_1992년 5월 11일 등록 제3-563호

ISBN 979-11-423-0216-9 (77800)

ⓒ허연, 임찬미

※잘못된 제품은 구입하신 곳에서 교환해 드립니다.

괜찮아,
다 ——
괜찮아

글 허연 그림 임찬미

파도가 다녀갔다.
말 대신에
물결이 속삭였고,
파도는 모래 알갱이들을 쓰다듬어 주었다.

우리는 모두 저마다의 다른 이야기를 품고 걷는다.

모두 같은 하루를 살지는 않지만

각자 어떤 생을 견디고 있다.

누군가 앞만 보며 걸을 때,

또 누구는 헤드폰에서 흘러나오는 노래에 취해 있을 때,

누군가는 휠체어에서 짐을 떨어뜨린다.

베란다에 빨래가 펄럭이고,
내어 놓은 화분이 햇살에 빛난다.
소녀는 책을 읽고,
노래 같은 오후가 흘러간다.

이름 없는 가수가 혼신을 다해 노래할 때,
소녀는 발 아래 꽃을 놓아 준다.
세상은 그제야 잠시 미소를 지으며 실눈을 뜬다.

햇살은 매일매일 누구든 가리지 않고
우리 머리 위에 축복을 내린다.
화려하진 않지만
그것만으로도 삶은 충분히 살 만하다.

우산의 물결이 거리를 흘러갈 때
그 아래에는 따스한 온기가 흐른다.
우산 하나에 사연이 하나씩 있다.

책을 손에 들면
때로는 슬픔이, 때로는 기쁨이
자신의 이야기를 들려 준다.

우리는 그 이야기를
들으며 꿈을 꾼다.

생은 모두 간절하다.

그래서 우리는 친절해야 한다.

모든 사람이 매일매일

자기와의 싸움을 견디고 있기 때문이다.

어떤 날에는 책꽂이에서 시집을 꺼내 읽고,
도서관 유리창으로 들어오는
가느다란 햇살을 맞는다.
이런 날에는 누구나 잠시 작가가 되어 본다.

바닥에 쏟아진 책을 주워 주는 손들이 있을 때,
천사는 잠시 우리 곁에 왔다가 간다.
우리의 삶을 믿어 보기로 하자.

숲 사이로 난 길을 지나면

누군가를 기다리는 벤치를 만난다.

때로는 쉼표가 우리를 앞으로 나아가게 한다.

심호흡을 하자.

아이들은 모래성을 쌓고
강아지들은 해변을 달린다.
파도의 노래가 들려온다.
여름이 우리를 안아 주는 듯하다.

파도가 부르는 소리가 들린다.

그 소리를 따라가면 발자국이 남는다.

밀려온 파도는 발자국을 쓰다듬어 주며 속삭인다.

"괜찮아, 다 괜찮아."

괜찮아, 다 괜찮아

글 허연

파도가 다녀갔다.
말 대신에 물결이 속삭였고,
파도는 모래 알갱이들을 쓰다듬어 주었다.

우리는 모두 저마다의 다른 이야기를 품고 걷는다.
모두 같은 하루를 살지는 않지만
각자 어떤 생을 견디고 있다.

누군가 앞만 보며 걸을 때,
또 누구는 헤드폰에서 흘러나오는 노래에 취해 있을 때,
누군가는 휠체어에서 짐을 떨어뜨린다.
그게 삶이다.
하지만 우리에겐 내미는 손이 있다.

베란다에 빨래가 펄럭이고,
내어 놓은 화분이 햇살에 빛난다.
소녀는 책을 읽고, 노래 같은 오후가 흘러간다.

이름 없는 가수가 혼신을 다해 노래할 때,
소녀는 발 아래 꽃을 놓아 준다.
세상은 그제야 잠시 미소를 지으며 실눈을 뜬다.

햇살은 매일매일 누구든 가리지 않고
우리 머리 위에 축복을 내린다.
화려하진 않지만
그것만으로도 삶은 충분히 살 만하다.

가끔은 비가 내린다.
오늘따라 당신만 빨간 우산을 썼지만
슬퍼하지 않기를.
당신은 결코 혼자가 아니다.

우산의 물결이 거리를 흘러갈 때,
그 아래에는 따스한 온기가 흐른다.
우산 하나에 사연이 하나씩 있다.

책을 손에 들면
때로는 슬픔이, 때로는 기쁨이
자신의 이야기를 들려 준다.
우리는 그 이야기를 들으며 꿈을 꾼다.

생은 모두 간절하다.
그래서 우리는 친절해야 한다.
모든 사람이 매일매일
자기와의 싸움을 견디고 있기 때문이다.

어떤 날에는 책꽂이에서 시집을 꺼내 읽고,
도서관 유리창으로 들어오는 가느다란 햇살을 맞는다.
이런 날에는 누구나 잠시 작가가 되어 본다.

바닥에 쏟아진 책을 주워 주는 손들이 있을 때,
천사는 잠시 우리 곁에 왔다가 간다.
우리의 삶을 믿어 보기로 하자.

숲 사이로 난 길을 지나면
누군가를 기다리는 벤치를 만난다.
때로는 쉼표가 우리를 앞으로 나아가게 한다.
심호흡을 하자.

아이들은 모래성을 쌓고,
강아지들은 해변을 달린다.
파도의 노래가 들려온다.
여름이 우리를 안아주는 듯하다.

파도가 부르는 소리가 들린다.
그 소리를 따라가면 발자국이 남는다.
밀려온 파도는 발자국을 쓰다듬어 주며 속삭인다.
"괜찮아, 다 괜찮아."